AF259660

M. LE MARQUIS

A.-T. DU PRAT

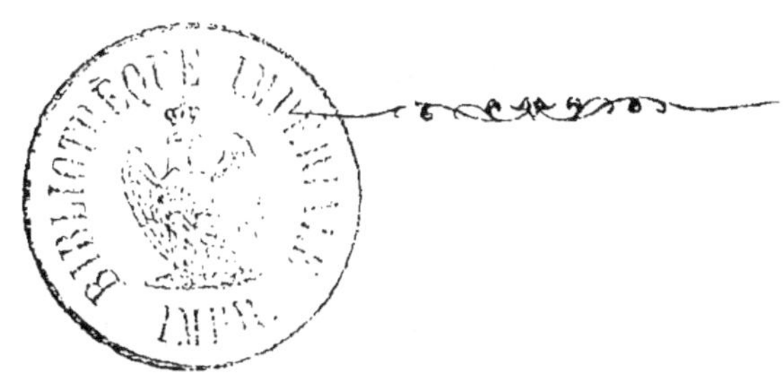

La vertu ne ressemble point à ces fleurs dont le parfum s'évapore sitôt qu'elles sont cueillies : elle est un fruit précieux dont la saveur se garde longtemps encore après que la tige qui l'a porté est flétrie et même desséchée. C'est pourquoi nous pensons qu'il ne paraîtra point trop tard si nous esquissons une noble existence éteinte, il est vrai, depuis déjà plusieurs mois, mais dont les souvenirs demeurent et demeureront durant de longues années encore, comme la suave odeur du bon exemple.

M. Antoine-Théodore, marquis du Prat, naquit à Versailles en 1808 ; il était fils de Pierre-Jean-François, marquis du Prat, et Simplicie-Reine-Rose le Conte de Nonant de Raray. Pour ceux qui tiennent à la noblesse de l'origine, il est peu de descendants des anciennes familles qui puissent compter comme lui un si grand nombre de quartiers de noblesse, soit à cause de l'antiquité de cette maison, soit à cause des alliances illustres qu'elle a faites. Pour ceux qui demandent des titres et des distinctions, le noble marquis pouvait en présenter de bien légitimement mérités. Il avait été nommé chevalier de Malte (1) à Rome, par bulle du 18 juin 1853 ; chevalier de l'ordre insigne de Saint-Etienne de Toscane par S. Exc. le prince Poniatowski, en vertu d'un rescrit du grand-duc de Toscane, le 30 juin 1852 ; chevalier du Saint-Sépulcre par brevet du 30 décembre de la même année ; il était en outre commandeur de l'ordre pontifical de Saint-Grégoire-le-Grand, chevalier de première classe de celui de Saint-Michel de Bavière, etc., etc.

Mais quelque vénérables et dignes de respect que soient l'illustration de la naissance et la distinction des mérites humains, M. du Prat estima toujours davantage celles de la vertu, et c'est ce qui en a fait, nous ne craignons pas de le dire, une des plus modestes, il est vrai, mais une des plus douces, des plus nobles et des plus belles figures de saint, en nos temps où, Dieu merci ! l'Église en compte encore parmi ses enfants. Ce n'est que sous cet aspect que nous voulons considérer ici l'excellent marquis du Prat, heureux que nous sommes de payer un juste quoique faible tribut d'hommage et de reconnaissance à un véritable homme de bien, qui en versant de sa main de généreuses aumônes dans toute une contrée de notre pays (2), y laisse surtout pour de longues années l'exemple d'une vie parfaitement chrétienne et le parfum des vertus les plus modestes et partant les plus solides et les plus vraies.

M. Théodore du Prat, comme on l'appelait ordinairement dans sa famille, était une de ces natures privilégiées que le bon Dieu ne destine pas toujours à des œuvres bien éclatantes, mais qu'il se plaît néanmoins à enrichir de ses dons les plus précieux. Tout jeune encore, il annonçait déjà par ses heureuses dispositions ce qu'il devait

1, On sait que, pour obtenir ce titre, il faut au moins huit quartiers de noblesse.

(2) La famille du Prat n'était pas étrangère au Maine, même avant que M. le marquis vînt se fixer à la Gidonnière. Un membre de cette illustre maison, en effet, messire Pierre-Antoine du Prat, seigneur de Rouez-en-Champagne (au xviiie siècle), fonda, en cette paroisse, un bureau de charité, dont les biens furent aliénés à l'époque de la Révolution. Il en rédigea lui-même le rapport qu'il présenta à messieurs de l'Assemblée provinciale du Maine. On y trouve l'expression des meilleurs sentiments et un vif désir d'améliorer le sort des classes pauvres. Il porte pour titre : *Projet d'établissement d'un Bureau de Charité dans la paroisse de Rouez-en-Champagne, présenté à messieurs de l'Assemblée provinciale du Maine, par M. du Prat, seigneur de ladite paroisse.* 11 pages in-f°.

être un jour. Madame la marquise sa mère, femme d'un mérite bien
rare et d'une piété plus rare encore, était restée veuve avec trois
enfants, après quelques années seulement d'une union fortunée (1).
Privée à la fois de l'affection et de l'appui d'un époux qu'elle pleure
encore, elle comprit dans toute leur étendue les obligations impo-
sées par son titre sacré de mère ; elle se livra dès lors avec un dévouement entier à l'éducation de ses enfants. Elle développait elle-
même leur intelligence précoce, assistait aux leçons des maîtres et
partageait même les travaux de l'étude, et jusqu'à leurs récréations,
évitant avec une scrupuleuse sollicitude toute relation et tout con-
tact qui n'étaient pas indispensables avec des étrangers.

Plus tard, quand vint le temps d'études plus sérieuses et plus
profondes, le cœur de l'excellente mère s'affligea profondément
dans la pensée d'une séparation devenue inévitable. Elle confia ses
deux fils aux révérends Pères Jésuites, qui dirigeaient le collége
de Fribourg ; là se trouvait réunie, comme on sait, l'élite des
jeunes gens appartenant aux premières familles de France. Les
jeunes du Prat restèrent dans cette maison jusqu'à vingt-deux ans
et y firent de brillantes et solides études. Théodore surtout garda
toujours une si profonde et si tendre vénération pour ces dignes
maîtres, que jusqu'à la fin de sa vie il continua à entretenir avec
quelques-uns des Pères de la Compagnie les relations les plus cor-
diales. Jamais il n'interrompit sa correspondance avec le vénérable
P. Bellefroy, qui avait été son professeur et dont la mort récente
attriste tout l'Anjou où ses vertus étaient particulièrement connues.
Il rappelait souvent, comme un des plus doux souvenirs de sa vie de
collége, les excursions dans lesquelles lui, noble et pieux jeune
homme, portant le sac sur le dos, gravissant les montagnes, il s'en
allait parfois, accompagnant quelques-uns des zélés religieux dans
leurs missions évangéliques, au sein des pauvres hameaux de la
Suisse.

Rentré dans sa famille, le jeune marquis comprit mieux que
jamais quel trésor inappréciable il possédait dans le cœur de sa

(1) Antoine-Théodore était l'aîné. François-Charles, comte du Prat, né en
1815, et Pauline-Cécile du Prat, née en 1811, ont précédé leur aîné dans la
tombe. La Marquise mère survit ainsi à toute sa famille. Aucun genre de douleur n'a manqué à la perfection de ses vertus.

pieuse mère; aussi dès ce moment sa tendresse filiale redoubla auprès d'elle de soins, d'attentions délicates et de dévouement quotidien. Sa mère bien-aimée fut en toute circonstance la confidente intime de ses pensées et de ses sentiments ; elle était pour son fils l'objet d'une vénération et d'une tendresse que l'on pouvait appeler un culte. « Aussi ce tendre fils ne comprenait point d'autre bonheur, nous écrit-on, que celui de l'adoration à Dieu, de la piété à l'égard de sa bonne mère, de la tendresse pour celle à laquelle était unie sa destinée, de la bonté pour ses serviteurs, de la charité pour les indigents. » Voilà les vertus qui sanctifiaient le foyer, la vie simple et cachée que M. du Prat voulut mener durant toute son existence.

Quand arriva l'heure où il fallut pourtant faire le choix d'une carrière, il essaya un instant celle des armes que semblait lui indiquer naturellement l'illustration de sa naissance; il entra à Saint-Cyr. Mais, bientôt dégoûté de cette vie de tumulte et de déplacement obligés, qui l'eût tenu trop souvent éloigné de sa mère bien-aimée, il renonça pour toujours à une vie trop peu compatible également à ses habitudes de douce piété auxquelles il s'était donné depuis son enfance. Ses goûts l'eussent plus naturellement incliné vers le sacerdoce; il y pensa peut-être. Toutefois, un désir de sa mère se manifesta, c'était pour lui un ordre; il condescendit volontiers au bon plaisir de celle qui fut toujours son guide le plus sûr, et il pensa dès lors à contracter une alliance digne de son rang. Dès que ce projet fut connu, les meilleures familles, nous ne disons pas trop, briguèrent l'honneur d'obtenir ses préférences. Un jour, le vénérable évêque de Versailles, jaloux de donner à la digne mère et au fils si dévoué un témoignage de sa haute estime, ne crut pas devoir reculer devant les fatigues d'un voyage de deux cents lieues pour aller bénir l'union du jeune Théodore avec la petite-fille du respectable marquis de Vidaud, mademoiselle Marie de Chabannes.

Modèle accompli des fils, M. du Prat devint encore le modèle parfait des maris. Mais, hélas ! la divine Providence a des desseins impénétrables aux yeux des hommes, bien que toujours adorables, malgré leur apparente dureté, pour les âmes vraiment chrétiennes. Après quelques années d'un bonheur passager, Dieu rappela à lui la vertueuse compagne du marquis. Elle ne laissait pas de postérité.

Dire les déchirements du cœur si sensible de l'infortuné marquis au moment de cette cruelle séparation serait chose impossible : toutefois la force du chrétien ne faillit pas sous le poids d'une si légitime douleur; il trouva dans sa foi le secret de sanctifier sa profonde affliction.

Plus de quatre années s'étaient écoulées, humbles et saintes, dans la pratique des vertus les plus solides et partant les plus cachées, quand M. du Prat, se rendant de nouveau aux désirs de sa mère, pensa sérieusement à contracter une seconde alliance. Il épousa, le 26 novembre 1850, mademoiselle Antonia-Aglaé-Armandine-Ida de Gramont : cette seconde épouse n'était pas moins digne de toute l'affection du marquis. C'était à elle que devait échoir, dans les desseins de Dieu, la douleur cruelle de le pleurer, après seize ans de la plus heureuse et de la plus chrétienne union.

Voilà les événements chronologiques de cette vie si simple aux yeux des hommes, mais si grande devant Dieu. Essayons, autant qu'une juste discrétion nous le permettra, de pénétrer dans l'intérieur de cette vie cachée pour y découvrir un peu le secret de cette grandeur chrétienne.

On peut lui appliquer l'éloge que l'Esprit-Saint fait lui-même d'un disciple fidèle, dans les saintes Écritures : *C'était un homme vraiment bon, plein du Saint-Esprit et de foi* (1). Bien convaincu de la vérité de ces paroles du grand apôtre, que pour s'approcher de Dieu il faut croire premièrement qu'il y a un Dieu, et qu'il récompense ceux qui le cherchent, M. du Prat s'appliqua toute sa vie à chercher Dieu, à le connaître mieux et à s'approcher toujours davantage de lui, jusqu'au moment où il put le posséder sans jamais craindre de le perdre. La foi fut la base solide de sa vertu ; mais non pas une foi ordinaire : c'était la foi obéissante d'Abraham, la foi constante de Moïse, qui demeura ferme comme s'il eût vu l'invisible. Cette foi l'entretenait constamment en la sainte présence de Dieu ; et pour cela il ne cessa jamais de veiller sur tous les mouvements de son cœur, ce qui ne l'empêcha jamais de montrer dans toutes ses relations de la vie sociale la plus grande amabilité. Il usait d'une politesse exquise envers tous. On trouvait en lui les manières et le bon ton d'un vrai

_____

(1) Act. des Ap., ch. XI, v. 24.

gentilhomme ; sa conversation était animée et charmante ; son esprit élevé et sa science étendue s'y montraient sans efforts.

Mais la foi formait en lui l'ornement d'une vertu plus utile encore, *c'était un homme vraiment bon*, et l'on pouvait dire que toutes les vertus du chrétien semblaient se confondre pour n'en former qu'une seule, la bonté. Que ne nous est-il permis de pénétrer dans cette vie intime du foyer, d'épier chacune de ces tendres et délicates industries employées à chaque instant pour plaire à sa vénérable mère et à celles qui eurent tour à tour ses affections d'époux ! Il nous semble que le bon Dieu se plaît à accorder de plus abondantes bénédictions au fils qui aime bien sa mère, et l'expérience démontre tous les jours que le cœur d'un enfant qui se distingue par une plus douce tendresse pour celle qui lui a donné le jour, est toujours plus disposé aussi à la piété. M. le marquis du Prat en fut un parfait exemple. Nous ne savons pas de fils plus aimant et plus dévoué pour sa mère. Mais nous devons le dire aussi, nul fils n'eut une meilleure mère.

Pourtant ce n'était pas seulement sur les siens que s'épanchaient les généreux et riches sentiments de son noble cœur. Tous ceux qui se sont trouvés en rapport avec lui ont éprouvé ce qu'il y avait de douceur, de dévouement, de charité libérale et patiente, d'honnêteté dans ce cœur qui débordait sur tous par un mouvement aussi naturel que celui d'une source toujours pleine qui s'épanche sans effort. Humble et modeste dans l'exercice de la charité comme dans celui de la piété, selon que nous le dirons tout à l'heure, providence des malheureux, il s'efforçait de les soulager tous, de leur faire du bien, mais en cherchant toujours à n'être pas connu. « Il avait une ambition, disait M. de Maizières (1), ambition qu'il tenait de sa mère et de son aïeule ; les familles auxquelles profite la pieuse et intelligente fondation, connue à Versailles sous le nom de *Sainte-Enfance*, n'auront pas de peine à la caractériser : il avait la passion du bien et il le faisait avec cette simplicité que donne l'habitude, et le plus souvent encore à l'insu de tout le monde, par la seule main de ces saintes filles qui en ont la science. Il y a des charités comme il y a des perversités qui craignent la

_____

(1) *L'Union* du 9 février 1867.

lumière, et qui, si elles étaient connues et louées, croiraient avoir à
en demander pardon à Dieu ; il y a de ces charités si chrétiennes
qui, pareilles aux sources du Gange et du Nil, sont placées à des
hauteurs inconnues, voisines du ciel, et qui ne se trahissent que par
leur bienfaisante influence, influence qui s'étend, quand il s'agit
d'éducation, à tous les âges et à tous les pays. Quelle aumône plus
belle que celle qui est faite à la pauvreté des âmes! En s'associant
ainsi aux vues évangéliques de la famille, M. du Prat s'imposait
d'immenses sacrifices ; non-seulement il n'en parlait jamais, mais il
ne paraissait même pas y songer et en laissait tout l'honneur aux
pieuses intendantes de ses libéralités ; il donnait, et la religion
seule était bénie de ses dons. » Bien qu'il eût en effet une large
part dans les dons généreux de son aïeule et de sa mère, il ne
s'en attribuait rien. Il paraissait rarement dans ces saintes maisons.
Si des circonstances exceptionnelles ou quelque cérémonie religieuse
l'y amenaient, on aurait pu croire qu'il était l'obligé, tant il savait
s'effacer et se dérober aux expressions d'une légitime gratitude.
Bien qu'il donnât au moins la dîme de tout son revenu, il ne voulait point que son nom figurât sur aucune liste d'association chari-
table, et cela toujours pour fuir l'éclat et l'ostentation.

S'il fut particulièrement l'homme d'intérieur, le chrétien du foyer,
on le voit partout, il était homme de bonnes œuvres. Correspondant
de beaucoup d'élèves de Saint-Cyr, dit encore le biographe cité plus
haut, il se plaisait avec eux, leur faisait fête et devenait leur ami ; il
les suivait avec un paternel intérêt ensuite dans leurs campagnes.
Un des morts de Crimée obtint de lui des larmes ; et, nous le savons, cette aumône du cœur, le père de l'infortuné jeune homme ne
l'a point oubliée : il prie d'une prière commune pour ces deux âmes
d'élite, son fils et le regrettable marquis, unis dans le ciel sans
doute puisque tous deux ont été purs. Sans cesse attentif à faire,
avec l'esprit de la foi, les plus petites actions, on l'a vu souvent, en
sortant de l'église, offrir l'appui de son bras à une pauvre vieille fille
qui avait été autrefois la servante de sa mère et qui vivait de ses bien-
faits ; il la reconduisait jusque dans son humble demeure, quand il
faisait un temps de neige ou de verglas. Au château de la Gidonnière, ne le vit-on pas souvent aussi conduisant avec une touchante
bonté la vieille bonne de son enfance que l'âge et les infirmités

avaient rendue à moitié paralytique ; il prenait son heure, et, toujours exact au rendez-vous, il se faisait son mentor et son bâton de vieillesse, parfois toute une soirée, causant familièrement avec elle, et la conduisant avec une exquise délicatesse dans les allées les mieux ratissées du parc ou les plus fleuries du jardin.

Puisque la circonstance nous a conduit à Lhomme, disons encore qu'héritier d'une partie seulement de la fortune de madame la comtesse de Nonant, il n'en voulut pas moins être le bienfaiteur de tous les indigents qu'elle soulageait. Lui seul, pendant l'hiver, nourrissait la plus grande partie des pauvres de la paroisse. Il voulait qu'on employât de préférence les vieillards et les enfants aux travaux du château, et il leur faisait donner le salaire habituel des autres journaliers. Les malheureux n'étaient pas seulement nourris, mais ils étaient encore vêtus et chauffés par ses généreuses libéralités.

Mais les œuvres extérieures ne sont pas toute la charité : il est un exercice de cette vertu dont la pratique attire surtout les bénédictions divines : vertu bien dédaignée et parfois bien outragée ici-bas. Nous parlons de la charité, non pas de la charité des œuvres, si répandue et si acceptée souvent pour ses propres douceurs... Nous parlons de la charité de langage et de jugement, vertu qu'aucun précepte humain, qu'aucun intérêt d'ici-bas, que nulle considération vulgaire ne recommandent. Elle part en droite ligne de la crainte et de l'amour de Dieu. Cette vertu, il s'appliqua particulièrement à la pratiquer, et l'on peut assurer de lui ce qu'il assurait de sa bien-aimée sœur, qu'on ne se rappelle pas qu'il l'ait jamais blessée, non-seulement par son mépris, mais même par son oubli. Et toutes les vertus, qui sont comme les filles de cette charité, qui en découlent naturellement, comme nous serions heureux de les recueillir, de les ramasser en suivant le cours de cette vie si belle et si pure ! mais combien n'y en a-t-il pas qu'il a soustraites aux regards des hommes, qu'il jetait et cachait dans le sein de Dieu, son vrai père !

Copiant une page de cet admirable livre où M. du Prat a rassemblé les souvenirs de sa chère Pauline (1), disons quelles étaient sur

(1) *Fragments et souvenirs sur la vie et la mort de Mlle Pauline du Prat,* in-8°.

un autre point ses convictions intimes, sans que jamais il ne voulût
s'égarer, pour les soutenir et les faire prévaloir, dans des discus-
sions interminables où l'amour-propre et la vanité jouent si souvent
un trop grand rôle, et qui engendrent parfois des inimitiés, même
entre les frères. « Ses sentiments donc étaient ceux de la comtesse de
Nonant, son aïeule maternelle, qui, bravant à l'intérieur les mauvais
jours de la Révolution, cachait et sauvait, au péril de sa vie, des
prêtres, des diacres, des religieuses, recherchés pour les prisons et
pour le martyre. Ses affections étaient celles qui, dirigeant invaria-
blement sa famille, avaient en 1791 entraîné neuf de ses membres,
de son nom, à l'étranger. »

Sans négliger les pratiques extérieures de la dévotion, il ne
faisait point consister la piété uniquement en cela, non plus que
dans le goût, le sentiment ou les consolations, mais dans l'accom-
plissement exact des devoirs du chrétien et la soumission en toutes
circonstances à l'adorable volonté de Dieu. L'amour du bon Sauveur
était le centre auquel il rapportait toutes ses actions. Il ne cessait de
dire, d'écrire, de raconter le bonheur qu'il éprouvait à posséder le
très-saint Sacrement dans la chapelle du château de la Gidonnière.
Il tenait à grand honneur de répondre et de servir la sainte messe
qu'il faisait célébrer au moins deux fois par semaine. A Versailles, il
y assistait tous les jours, et l'on n'était pas médiocrement édifié de
le voir dès le matin, lui grand seigneur, pendant que son domestique
dormait encore, assister à la messe de six heures dans quelque place
où il pensait n'être remarqué que du Dieu qu'il venait adorer et
dont il venait solliciter les grâces pour les siens et pour lui. Mais,
après l'amour du Fils, il gardait une sincère et tendre piété envers
sa très-sainte mère, la bonne Vierge Marie. Il affectionnait surtout la
dévotion du chapelet qu'il récitait exactement au moins une fois
chaque jour pour le triomphe de la sainte Eglise. Car s'il fut spéciale-
ment un chrétien dévoué aux devoirs de la famille et au culte des
souvenirs du foyer, il n'en était pas moins un fils soumis et dévoué
de l'Eglise catholique : il ressentait vivement ses douleurs actuelles et
priait ardemment pour son Chef vénéré.

Après une telle vie, laissons dire à l'un des plus intimes amis du
marquis quelle fut sa mort : « Lorsqu'il sentit approcher le moment
de paraître devant le Juge vis-à-vis duquel il n'y a plus de faux-

fuyants, s'il lui est échappé de légitimes regrets, ni l'affection, ni la douleur n'ont changé ces regrets en murmures ou effrois. Il était moins préoccupé de la diminution de ses forces qu'inquiet de voir la plus douce des compagnes aller au delà des siennes dans les soins les plus touchants. « Si Dieu me consultait, nous disait-il, il m'accorderait encore quelques années ; mais s'il m'appelle demain, je suis prêt à me rendre à son appel. » On n'atteint cette sécurité, il faut bien se le répéter, que lorsque, élevé comme le marquis du Prat a eu le bonheur de l'être par une mère admirable, on a été aussi fidèle que lui aux traditions de l'honneur et aux fécondes pratiques du Christianisme, où il n'y a rien de petit et rien de perdu (1). »

« J'aime dans le prince Galitzin la fidélité qui le distingue, écrivait un jour M. du Prat, fidélité dans l'étude aussi bien que fidélité dans la foi. Ce sentiment est une perle fine et rare qui éblouit et qui fascine, lorsqu'on le rencontre dans le fumier des passions égoïstes et changeantes de ce bas monde. » Ce que disait le marquis de son noble ami, on peut assurément le dire de lui et à juste titre. L'amour de l'étude était en lui aussi fidèle que la foi, et ses soins s'appliquaient surtout à rendre ses recherches et ses travaux utiles au bien des âmes et principalement de la sienne. C'est ce qui donnait à ses écrits cette chaleur de style et cette verve affectueuse qu'on y rencontre partout.

Nous n'avons point l'intention d'analyser ici les ouvrages que M. le marquis du Prat a publiés ; nous donnerons simplement la nomenclature de ceux qui sont parvenus à notre connaissance. En 1854, il publia un *Essai sur la vie du chancelier du Prat* ; en 1857, la *Vie d'Antoine du Prat, chancelier de France*: cette étude de l'illustre homme d'État est une histoire succincte de toutes les grandes questions religieuses, politiques et militaires du règne de François Ier. L'écrivain ne s'y montre pas seulement un narrateur éloquent, il apprécie avec sagesse les hommes et les institutions ; il montre les conséquences des guerres et des négociations qu'il raconte ; il réfute les sophismes de l'ambition et les accusations haineuses ; il soutient fièrement la cause de la justice, et défend avec énergie les droits de la vérité. Nous voudrions que l'on se souvînt

(1) Le prince Augustin Galitzin. *Bulletin religieux de Versailles.*

surtout du jugement si juste qu'il porte sur le Concordat de 1516. Il
dressa en même temps la *Généalogie historique de la maison du Prat*.
Puis, l'année d'après, les yeux encore tout baignés des larmes de la
tendresse fraternelle, il écrivit une notice sur une sœur chérie dont
la vie sans doute n'avait été marquée par aucun grand événement,
mais dont une douce piété, une humilité profonde, une charité iné-
puisable et de longues souffrances supportées avec résignation, en
avaient fait une vie vraiment sainte. Cette œuvre intime, écrite pour
le cercle étroit de la famille et de l'amitié, portait pour titre : *Fragments et souvenirs sur la vie et la mort de Mlle Pauline-Cécile du Prat*.
Le dernier ouvrage qui soit sorti, croyons-nous, des mains de l'excellent marquis est l'*Histoire d'Elisabeth de Valois, reine d'Espagne*.
L'auteur s'y montre doué des véritables qualités de l'historien, l'im-
partialité dans les jugements, les perspicacités et la persistance
infatigable dans les recherches, un style limpide et clair, et en un
mot tout ce qui dénote un rare talent. Nous ne mentionnons point
les articles nombreux qu'il a publiés dans le *Bulletin du bibliophile*,
la *Revue de l'Anjou et du Maine* (1), le *Bulletin du bouquiniste*,
dans le *Correspondant* et encore en d'autres revues religieuses et his-
toriques.

Vieille de dix-huit siècles, la sainte Eglise de Jésus-Christ est pourtant toujours jeune, et son action féconde n'a donc pas cessé encore,
en les aidant par la grâce qui coule dans les divins sacrements,
d'enfanter, de former et de perfectionner des saints pour le ciel. La
vie du noble marquis du Prat, trop rapidement et si imparfaitement
esquissée dans cette notice, en a été une preuve consolante autant
qu'irrécusable.

(1) *Note sur la vie admirable de saint Nicolas* (*Revue de l'Anjou et du Maine*,
tome VI, page 190). Pour celui qui trace ces lignes éphémères à la louange d'un
homme de bien, c'est un de ses plus honorables et des plus chers souvenirs de l'avoir eu pour collaborateur à une œuvre qui a duré trop peu de temps
et qui fut fondée par un ami commun, M. A. Lemarchand.

Le Mans. — Imprimerie Ed. Monnoyer. — Juin 1867.

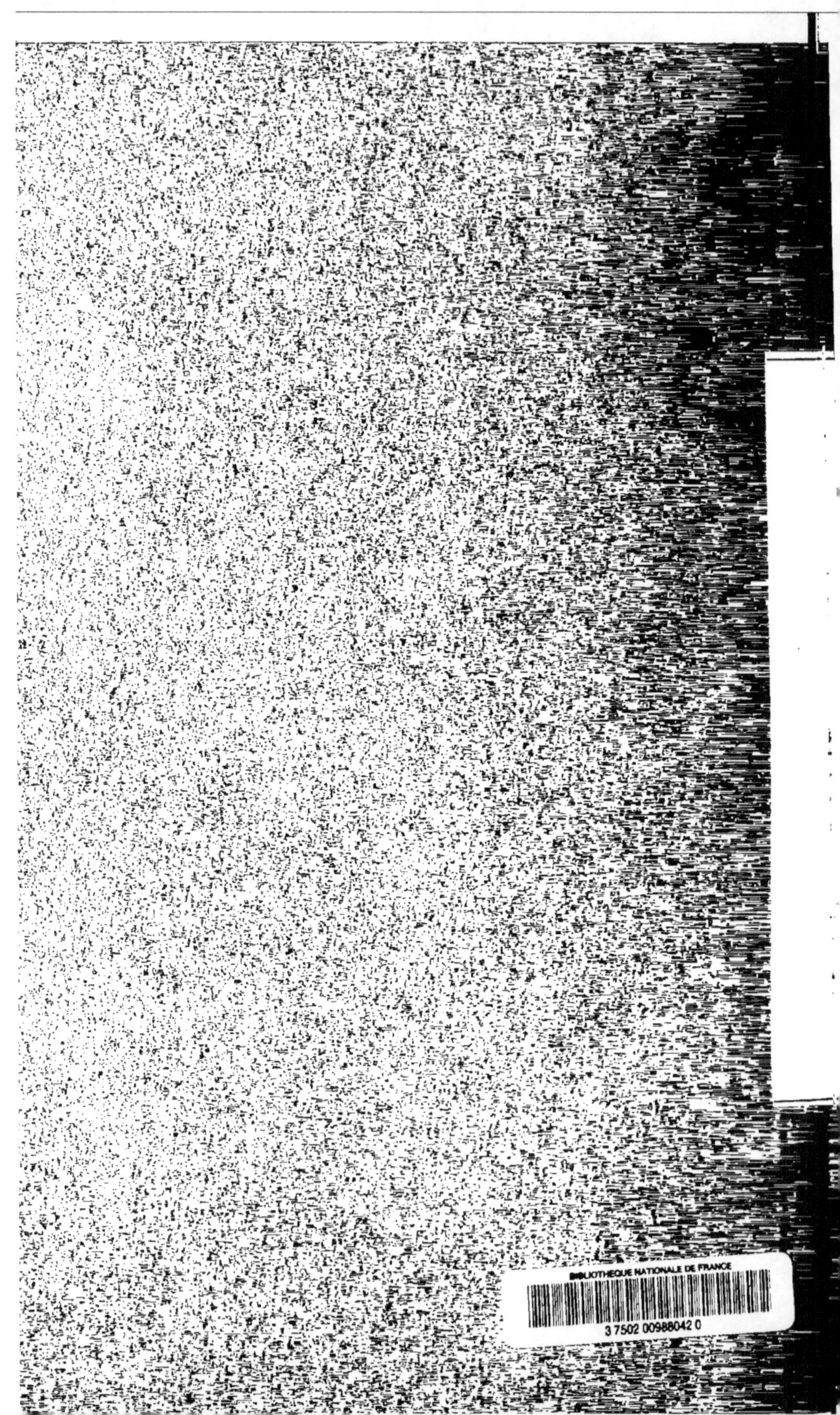